AF150779

BEI GRIN MACHT SICH IHR
WISSEN BEZAHLT

- Wir veröffentlichen Ihre Hausarbeit,
  Bachelor- und Masterarbeit

- Ihr eigenes eBook und Buch -
  weltweit in allen wichtigen Shops

- Verdienen Sie an jedem Verkauf

Jetzt bei www.GRIN.com hochladen
und kostenlos publizieren

Simon Emmerling

Kant als Repräsentant der Aufklärung: Gedanken zu Kants Staatsphilosophie

GRIN Verlag

Bibliografische Information der Deutschen Nationalbibliothek:

Die Deutsche Bibliothek verzeichnet diese Publikation in der Deutschen National-
bibliografie; detaillierte bibliografische Daten sind im Internet über http://dnb.d-
nb.de/ abrufbar.

Impressum:

Copyright © 2002 GRIN Verlag GmbH
Druck und Bindung: Books on Demand GmbH, Norderstedt Germany
ISBN: 978-3-638-92572-3

Dieses Buch bei GRIN:

http://www.grin.com/de/e-book/60613/kant-als-repraesentant-der-aufklaerung-
gedanken-zu-kants-staatsphilosophie

Philosophische Fakultät der
Christian-Albrechts-Universität zu Kiel
Institut für Politikwissenschaft
Sommersemester 2002
Übung zur Vorlesung „Einführung in die politische Theorie"

Referatsausarbeitung
Kant als Repräsentant der Aufklärung: Gedanken zu Kants Staatsphilosophie

vorgelegt von

Simon Emmerling

Kiel, den 24.05.02

Inhaltsverzeichnis

1 Antwort auf die Frage: Was ist Aufklärung?

Kants philosophische Ansätze, auch die später davon abgeleiteten, bzw. hervorgegangenen staatsphilosophischen Gedanken, sind vor dem Hintergrund der Aufklärung zu sehen.

Deshalb ist es wichtig, in diesem Referat eingangs auf diese Bewegung, diese Epoche hinzuweisen, in der Kants Theorien sich entwickelten.

Wie viele der Aufklärungsdenker des 18. Jh. sich bewusst von einer mythisch- spekulativen Tradition abkehrten, so folgte auch Immanuel Kant dieser Idee.

Sie alle glaubten an die Kraft der menschlichen Ratio:

Überlieferte Werte, Institutionen, Konventionen und Normen wurden auf ihre rationale Legitimation hin überprüft.

Wohl der wirksamste deutsche Vertreter der Aufklärung war Immanuel Kant, der auf die in der *Berlinischen Monatsschrift* 1783 formulierte, rhetorische Frage des Pfarrers Johann Friedrich Zöllner (‚Was ist Aufklärung?‘) in der   Dez. – Nr. 1784 die berühmte definitorische Antwort gab:

> *„Aufklärung ist der Ausgang des Menschen aus seiner selbstverschuldeten Unmündigkeit.*
>
> Unmündigkeit *ist das Unvermögen, sich seines Verstandes ohne Leitung eines anderen zu bedienen.*
>
> *Selbstverschuldet* ist diese Unmündigkeit, wenn die Ursache der selben nicht am Mangel des Verstandes, sondern der Entschließung und des Mutes liegt, sich seiner ohne Leitung eines anderen zu bedienen.
>
> Sapere Aude! Habe Mut, dich deines *eigenen* Verstandes zu bedienen! ist also der Wahlspruch der Aufklärung.“[1]

Aus diesem Zitat ist schon ersichtlich, welches Menschenbild dem Philosophen vorschwebte. Es soll im Folgenden kurz skizziert werden.

---

[1] Bahr 1989: 9f.

2 Kants Menschenbild

Kant sah den Menschen als eine gespaltene Kreatur an: Einerseits ein naturhaftes, rohes, wildes (wenn er sich auf das Naturhafte in sich zurückbesinnt zugleich: faules und feiges) Wesen an.

Andererseits sei der Mensch vernunftbegabt.[2] Seine Vernunftbegabtheit muss ihn dazu zwingen, sich aus einer durch Faulheit und Feigheit verursachten Unmündigkeit zu befreien, sodass es niemandem leicht würde, sich seines Verstandes zu bedienen.

Dies ist eine aufklärerische Anthropologie, die freilich nicht von jedem der staatsphilosophischen Vorgänger Kants gedacht wurde.[3]

Der Rekurs auf die Aufklärung ist für das Referat deshalb sinnvoll, weil später noch öfter im Hinblick auf den Freiheitsgedanken in der Staatsphilosophie darauf Bezug genommen wird.

3 Zur Staatsphilosophie

3.1 Worin besteht die Notwendigkeit einer Staatsgründung?

Kant übernimmt in der Tradition der Vordenker (bes. Hobbes) die Annahme eines Naturzustandes (NZ). Er nennt ihn das *Ideal des Hobbes*.

Dem Charakter nach sei der NZ ein anarchischer, rechtsfreier Raum ohne Ordnung.[4]

Und weil er in seinem Gedankenexperiment die Annahme der Anarchie aufstellt, hat also jeder ein Recht auf alles und zugleich niemand ein Recht auf etwas.

Kant hält diesen Zustand für unerträglich, propagiert den Ausstritt aus dem NZ und fordert folglich:

Exeundum e statu naturali

Er begründet diesen Schritt des *Heraustretens aus dem NZ* mit dem sog. *Vernunftrecht* und der Unterscheidung in Privatrecht und Öffentliches Recht[5].

---

[2] Kersting spricht hier von einem spannungsvollen Verhältnis von „Sinnlichkeit und Vernunft". Sinnlichkeit versteht er als Zwang der „Naturkausalität" (Kersting 1994: 183)

[3] vgl. z.B. Thomas Hobbes, dessen Leviathan – natürlich mit der vorher zugesprochenen Legitimation durch die freiwillige Machtabgabe - für jeden im Staat denken soll

[4] NZ sei ein „Zustand der Rechtlosigkeit (status iustitia vacuus)" (Metaphysik der Sitten. AA, 6, S. 312).

[5] „Aus dem Privatrecht im natürlichen Zustande, geht nun das Postulat des öffentlichen Rechts hervor: du sollst, im Verhältnis eines unvermeidlichen Nebeneinanderseins mit allen anderen, aus jenem heraus in einen rechtlichen, d.i. den einer austeilenden Gerechtigkeit übergehen" (AA 6, S. 307).

Im NZ bildet sich Eigentum ähnlich wie bei Hobbes, worauf an dieser Stelle nicht näher eingegangen werden soll.

Da Kant dem Recht auf Eigentum einen hohen Stellenwert zuordnet, es für ihn quasi ein Menschenrecht darstellt, muss es den Staat geben, der dieses Recht sichert

Die Bedingungen zur rechtlichen Freiheit des Einzelnen, sind aber nur in einem staatlichen Gemeinwesen gegeben.

Deshalb begründet sich der Staat also in der Einsicht, dass die körperliche wie rechtliche Freiheit des anderen durch die Freiheit oder Willkür des einen begrenzt, bzw. geordnet wird. Kant spricht jedem eine *Freiheitsparzelle* zu, die durch die äußere Freiheit des Mitmenschen begrenzt wird. In diesem Raum kann der Staat niemandem Vorschriften machen, was er zu denken, zu tun oder zu lassen habe (vgl. Kersting 1994: 185).

Kant spricht in diesem Zusammenhang vom *Recht auf Staat*, das zugleich eine Pflicht zum Staat mit sich bringt.

> „Schaffe, dass ein jeder vor das Seine in ansehung deiner in Sicherheit sey...dieses ist die Pflicht zur Bürgerlichen Gesellschaft, die allgemeine Bedingung aller Rechte und Eigenthums des Menschen. Stelle einen jeden wegen seines rechts von deiner Seite in Sicherheit...denn nur allsdann kan er sagen, dass etwas sein ist, [ ], wenn er wegen dessen Besitzes *gesichert* ist. Dieses ist die eintzige affirmative äussere Pflicht: exeundum e statu naturali."[6]

Diese Freiheit des Einzelnen, die sich durch Sicherheit (vor dem anderen) einstellt, ist notwendigerweise nur in einem Staat zu garantieren, der mit selbstgegebenen Gesetzen (positivem Recht) für das Funktionieren dieses Ordnungssystems sorgt. Das leitet zur Frage über:

3.2   Wann ist eine Herrschaftsordnung legitim?

Im Naturzustandsgedanken Thomas v. Aquins ((neo-) thomistischer NZ) war es noch so, dass eine Einschränkung des freien Willens des Menschen dadurch gerechtfertigt war, dass der Mensch sich den ihm von Gott, respektive der Natur, vorgegeben Zwecken wie selbstverständlich zu beugen hatte.

---

[6] AA 19, R 7075 (Hervorhebung durch mich S.E.)

Diese Auffassung muss offensichtlich allein schon wegen Kants aufklärerischer Weltsicht unhaltbar sein. Es konfligieren die normativ-onthologische Wert- und Zielvorgabe der Zweckrationalität mit der autonomen menschlichen Ratio. Kants *Sapere aude!* widerspricht gerade der passiven Fügung in eine externe Zweckausrichtung.

Der Königsberger kritisiert, dass das *lex naturalis*, das natürliche Sittengesetz, ein dem menschlichen Willen oktroyiertes <u>ethisches</u> Gesetz sei, dass als <u>rechtliche</u> Legitimation für die Einschränkung einer freien, menschlichen Willkür dient.
Man wird später noch sehen, dass Ethik und Recht für Kant scharf zu trennen sind[7].
Kant argumentiert, dass aus dem NZ auszutreten nicht willkürlich sei, sondern „nothwendig nach den Regeln des Rechts"[8].

Deswegen, weil diese Art Freiheit (verstanden als anarchische Freiheit des einzelnen im NZ) als Rechtsgrundlage – allein wegen des Mangels an Universalisierbarkeit[9] – nicht taugt, muss sich der Einzelne in der Gemeinschaft einem staatlichen, positiven Recht fügen.
Dieses positive Recht muss von allen gewollt werden können, weshalb es dann notwendig legitim ist.

Kant fordert deshalb dazu auf, den Zustand der Rechtlosigkeit zu verlassen, um in einen bürgerlichen Zustand einzutreten.
Kant nimmt auch den Gedanken von Hobbes auf, und stellt fest, dass wenn es ein Recht auf Selbsterhaltung gibt, man den NZ zum Schutz eben dieses Rechtes verlassen <u>muss</u>, worin Kant die Vernunftnotwendigkeit einer allgemeinen Rechtsicherungsgewalt sieht.
Als Abgrenzung zu Hobbes sei kurz erwähnt, dass Hobbes die Selbsterhaltung (immer noch) als *Zweckausrichtung* des freien Willens auslegt, wohingegen Kant von uneingeschränkter (wirklich) freier Willkür *an sich* ausgeht.
Zwar zeigte Hobbes die Notwendigkeit der Einschränkung der freien Willkür auf, die Art und Weise ihrer Einschränkung ist aber selbst wieder willkürlich und widerspricht damit dem Legitimationsanspruch Kants.

---

[7] Was unterscheidet den Menschen im NZ noch vom Tier, wenn man den Zweck als Instinkt lesen will?

[8] AA 19, R 6593

[9] Jeder hat ja seine eigene, subjektive Auffassung von Freiheit. Der eine baut sich eine sehr große Parzelle auf, der andere ein kleine. Dieser Gedanke ist nicht verallgemeinerbar.

Kleine Zusammenfassung:

Legitimation von (Herrschafts-) Ordnung im NZ

- Legitimation der Einschränkung des freien Willens wg. Gott- bzw. naturgegebener Zweckausrichtung
- Diese Legitimation – so erkennt Kant – soll eine Herrschaft überhaupt, oder eine menschliche, diktatorische Willkürherrschaft verhindern, weil sich selbst ein irgendwie gebildeter Souverän der Zweckausrichtung unter zu ordnen hätte

Legitimation bei Hobbes

- Legitimation durch freiwillige Machtübertragung auf den Leviathan
- Dieser kann/ soll dann beliebig/ willkürlich herrschen, um die anarchische Freiheit aller Untertanen (zur Verhinderung des *bellum omnium in omnes*) zu reglementieren, was notwendig ist.

3.3   Die Funktion des Staates und die Funktion des Bürgers im Staat

Die Funktion des Staates und die Funktion des Bürgers im Staat sollte bis jetzt schon deutlich geworden sein. Eine klare Trennung der einzelnen Gliederungspunkte ist schwer möglich, aber auch gar nicht unbedingt notwendig. Die Frage der Legitimation hängt mit der der Staatsfunktion stark zusammen. Beide Sachverhalte werden unten auch noch weiter entwickelt.

Es steht fest, dass – und jetzt wieder zu Kant – wenn der Wille eines Einzigen die äußere Freiheit aller anderen bestimmt, dies zugleich den Partikularwillen der übrigen in bezug auf ihre Selbstbestimmung ausschließt:

Eine allgemeine Einschränkung wg. des Willens eines Einzelnen ist aber als Herrschafts - ordnungsprinzip für Kant unbrauchbar, denn es ist unverbindlich (und widerspricht zusätzlich noch dem unter 2.1 genannten Aufklärungsgedanken).

Die gesetzliche Abhängigkeit meines Willens von dem eines anderen, heißt: meinen Willen abzugeben.

Deshalb kann für Kant eine Verbindlichkeit (etwa von Gesetzen) nur im *eigenen Willen* liegen, der in seiner Art verallgemeinerbar – universalisierbar – sein muss, sodass sichergestellt wird, dass er einen allgemein gültigen und somit freiheitlichen Charakter hat:

„[...] es ist eine bloße I d e e der Vernunft, die aber ihre unbezweifelte (praktische) Realität hat: nämlich jeden Gesetzgeber zu verbinden, dass er seine Gesetze so gebe, als sie aus dem vereinigten Willen eines ganzen Volkes habe entspringen k ö n n e n , und jeden Unterthan, so fern er Bürger sein will, so anzusehen, als ob er zu einem solchen Willen mit zusammen gestimmt habe. Denn das ist der Probirstein der Rechtmäßigkeit eines jeden öffentlichen Gesetzes.[...]"[10]

Eine staatlich organisierte Herrschaftsordnung muss also jedem einzelnen die Chance geben, ein Gesetz wollen zu können, um einen Anspruch auf Legitimation zu haben.

Die *Rechtsverbindlichkeit* muss im eigenen Willen liegen.

Der einzelne muss wollen können, d.h. jeder muss die Gelegenheit haben, durch seine Einsicht Gesetze zu verstehen aber auch nach seinem Willen Leben zu gestalten.[11]

Kants Legitimationstheorie baut darauf auf, dass er   sagt, allgemeine Einschränkungen könnten nur durch den Willen jedes Einzelnen legitimiert werden:

Dem kantischen Vokabelinventar stark verhaftet auf den Punkt gebracht:

Der ein Gesetz wollenden Wille, muss der Wille von jedermann sein *können.*

Das Bürger*recht* ist damit beleuchtet worden, und auch schon die *Pflicht* angedeutet: Der Bürger ist zur Befolgung einer autonomen, sich selbst gegebenen Zweckgesetzgebung streng angehalten, was Kant als Gehorsamspflicht des Bürgers definiert.[12]

Zweckgesetzgebung heißt hierbei nicht, dass der Staat Kategorien wie Glück, Vollkommenheit etc. aufstellt und verpflichtet ist, bei jedem Einzelnen für deren Erfüllung zu sorgen.

Er soll nur die Freiheiten der einzelnen so weit beschränken, dass sie einen Rahmen haben, in denen sie selbst entscheiden können, was ihr Glück, ihre Vollkommenheit etc. ist (Selbstentfaltung).

Es findet sich dieser Grundsatz z.B. im GG der Bundesrepublik Deutschland in Art. 2 (1):

---

[10] AA 8, S. 200

[11] wie er etwa das Recht haben muss, innerhalb seiner Parzelle für seine Selbstverwirklichung u. –entfaltung zu sorgen (s.o.)

[12] Kant unterscheidet die officia connata (angeborenen Pflichten), zu denen auch die Gehorsamspflicht gehört, und die officia a se ipso contracta (die freiwilligen, vertragstheoretischen Verpflichtungen) (vgl. dazu Kersting 1994: 195f.)

„Jeder hat das Recht auf die freie Entfaltung seiner Persönlichkeit, soweit er nicht die Rechte anderer verletzt und nicht gg. die verfassungsmäßige Ordnung oder das Sittengesetz verstößt"[13]

4 Begriffserklärung

4.1 Der Kategorische Imperativ

„Handle nur nach derjenigen Maxime, durch die du zugleich wollen kannst, daß sie ein allgemeines Gesetz werde"[14]

Der Imperativ ist ein moralischer Imperativ, denn mit Ethik hat die Rechtsphilosophie nichts gemein (s.o.)[15]: Für die *Rechtlichkeit* genügt die Befolgung des Imperativs wie er ist. Maximen werden nicht näher bestimmt. Denn das Prinzip des Sittengesetzes betrifft ja nur die formalen Bedingungen der äußeren Freiheit, nicht aber die Zwecke[16].

Jeglicher Individualwille ist im Konkreten für die Frage der legitimen Herrschaftsordnung und die Frage des Funktionierens von Staat irrelevant, solange nur das Tun, das aus dem Individualwillen hervorgeht, mit der gesetzlichen Freiheit anderer zusammenpasst. Ob ein Mensch ‚gut' oder ‚schlecht' ist, ist unwichtig, zumal solche Kategorien zu subjektiv für die Rechtsphilosophie sind.

„[...] das Problem der Staatserrichtung..., so hart wie es auch klingt [ist] selbst für ein Volk von Teufeln (wenn sie nur Verstand haben) auflösbar" [indem die Herrschaftsordnung dafür sorgt,] „dass in ihrem öffentlichen Verhalten der Erfolg eben derselbe ist, als ob sie keine solche böse Gesinnung hätten."[17]

Der Zweck des Staates ist ‚nur' die Ermöglichung eines freien Handelns, gleichgültig, ob es sittlich ist oder nicht.
Jedes Handeln hat nur die Prämisse, tauglich im Sinne einer allgemeinen Gesetzgebung der äußeren Freiheit zu sein.

---

[13] Auf interessante Weise greift Geismann dieses Thema in seiner Dissertation auf, und diskutiert den Wortlaut und die Bedeutung von Art. 2 (1) GG (vgl. Geismann 1994)

[14] Grundlegung zur Metaphysik der Sitten. AA 4, S.51

[15] zum Begriff des *moralischen* Imperativs: Geismann 1994: 61ff.

[16] zur Unterscheidung Maxime vs. Handlung, vgl. auch Geismann 1994: 93ff.

[17] AA 8, S. 366, ähnlich eingearbeitet auch von Geismann 1994: 62f.

Glück, Wohlfahrt, Seelenheil etc. kann und darf somit nicht Ziel einer Herrschaftsordnung sein, sondern nur Mittel zur Erreichung einer vollkommen gerechten bürgerlichen Verfassung, wie sie Kant anstrebte.

Diese innere Freiheit, zu denken was man will, nennt Kant den „ethischen Naturzustand"[18]

4.2 Der (Gesellschafts-) Vertrag

Die Menschen geben nicht ihren Willen an einen außenstehenden Machthaber ab. Weder, dass er sich verpflichtet ihnen zu dienen (Vertrag auf Gegenseitigkeit), noch dass er willkürlich für sie herrscht (Leviathan).

Sie schließen einen Vertrag, der eigentlich gar keiner ist; sie schließen einen Pakt mit sich selbst und ihrem Verstand, so dass sich die vernunftrechtliche Begründung für Staat ergibt: Jeder soll ein ‚Recht auf Recht' haben können.

> „*Der Act*, wodurch sich ein Volk selbst zu einem Staat constituirt, [ ], *ist der ursprüngliche Contract*, nach welchem alle...im Volk ihre äußere Freiheit aufgeben, um sie als Glieder eines gemeinsamen Wesens, d.i. des Volks als Staat betrachtet...sofort wieder aufzunehmen, und man kann nicht sagen: der Staat, der Mensch im Staat habe einen Theil seiner angebornen Freiheit einem Zwecke aufgeopfert, sondern er hat die wilde gesetzlose Freiheit gänzlich verlassen, um seine Freiheit überhaupt in einer gesetzlichen Abhängigkeit, d.i. einem gesetzlichen Zustande, unvermindert wieder zu finden; weil diese Abhängigkeit aus seinem *eigenen gesetzgebenden Willen* entspringt."[19]

4.3 Die ideale Struktur des Staates

Die ideale Struktur des Staates hat bei Kant die Form eines repräsentativen Rechtsstaates mit republikanischer Verfassung (vgl. „Zum ewigen Frieden" den ersten Definitivartikel). Das Repräsentativorgan wird vom Volk gewählt. Es vertritt den Staats- bzw. Vertragswillen.[20]

---

[18] aus: AA 6, S. 96

[19] AA 6, S. 315f. (Hervorhebung von mir S.E.); hier ist zu konstatieren, dass sich Kant an dieser Stelle von Rousseau stark unterscheidet, der mit seiner Zivilreligion und dem Législateur ja für die *Volkserziehung* eintrat, und nicht wie Kant an die Stärke der Selbstgesetzgebung glaubte

[20] dazu Kersting: „Der empirische Gesetzgeber soll in seinem Kopf Demokratie simulieren, soll sich fragen, ob jeder Bürger Mitgesetzgeber des in Rede stehenden Gesetzes sein kann" (Kersting, 1994: 201).

5 Ausblick: Kants Vertragstheorie und der Kosmopolitismus

Kants Staatsphilosophie lässt sich auch auf die Internationalen Beziehungen anwenden – was an dieser Stelle freilich nur angerissen werden kann:

Ähnlich wie der Kantische ‚Vernunftstaat' als einzelner, der bisher Thema war, sollte auch eine internationale Gemeinschaft strukturiert sein. Auch hier findet sich bei Kant das schon bekannte ‚Parzellen-Denken'.

Er strebt ein System ko-existierender, *freier Staaten* an, die sich in einem <u>föderalistischen</u> Verhältnis zueinander befinden (vgl. „Zum ewigen Frieden" den zweiten Definitivartikel).

Aufgrund dieses Freiheitsgedankens (Staatsautonomie), soll ein destruktives Konkurrenzverhältnis (siehe Hobbes: Kampf jeder gegen jeden), das sich darstellt als Kampf der absoluten Wahrheiten, vermieden werden.

6 Literatur

Adam, Armin: Despotie der Vernunft?: Hobbes, Rousseau, Kant, Hegel. Freiburg i.br.; München 1999 (Alber – Reihe praktische Philosophie; Bd.65)

Bahr, Erhard (Hrsg.): Was ist Aufklärung? Thesen und Definitionen. Kant, Erhard, Hamann, Herder, Lessing, Mendelsohn, Riem, Schiller, Wieland. Stuttgart 1989: 9f.

Geismann, Georg: Ethik und Herrschaftsordnung. Ein Beitrag zum Problem der Legitimation. Tübingen 1994 (Die Einheit der Gesellschaftswissenschaften. Studien in den Grenzbereichen der Wirtschafts- und Sozialwissenschaften Bd. 14)

Hartmann, Jürgen: Wozu politische Theorie? – Eine kritische Einführung für Studierende und Lehrende der politischen Wissenschaft. Wiesbaden 1997

Königlich Pr. Akademie der Wissenschaften (Hrsg.) (1900ff.): Kants gesammelte Schriften. [Im Fließtext *zitiert mit: AA Band, Seitenzahl resp. mit vorangestelltem „R" die Reflexion*]

Kersting, Wolfgang: Die politische Philosophie des Gesellschaftsvertrages. Darmstadt 1994

Maier, Hans/ Denzer, Horst (Hrsg.): Klassiker des politischen Denkens. 2 Bde. München 2001 (hier: Bd.2: Von Locke bis Max Weber)

Sassenbach, Ulrich: Der Begriff des Politischen bei Immanuel Kant. Würzburg 1992 (Würzburger Wissenschaftliche Schriften. Reihe Philosophie Bd. 98)

Stammen, Theo/ Riescher, Gisela/ Hofmann, Wilhelm (Hrsg.): Hauptwerke der politischen Theorie. Stuttgart 1997